AF345451

ESTO NO ES UN LIBRO DE POESÍA

ExLibric

STUART GUARÍN

ESTO NO ES UN
LIBRO DE POESÍA

EXLIBRIC

ANTEQUERA 2020

ESTO NO ES UN LIBRO DE POESÍA
© Stuart Guarín
© De las cubiertas: Elena Iacob
Diseño de portada: Dpto. de Diseño Gráfico Exlibric

Iª edición

© ExLibric, 2020.

Editado por: ExLibric
c/ Cueva de Viera, 2, Local 3
Centro Negocios CADI
29200 Antequera (Málaga)
Teléfono: 952 70 60 04
Fax: 952 84 55 03
Correo electrónico: exlibric@exlibric.com
Internet: www.exlibric.com

Reservados todos los derechos de publicación en cualquier idioma.

Según el Código Penal vigente ninguna parte de este o
cualquier otro libro puede ser reproducida, grabada en alguno
de los sistemas de almacenamiento existentes o transmitida
por cualquier procedimiento, ya sea electrónico, mecánico,
reprográfico, magnético o cualquier otro, sin autorización
previa y por escrito de EXLIBRIC;
su contenido está protegido por la Ley vigente que establece
penas de prisión y/o multas a quienes intencionadamente
reprodujeren o plagiaren, en todo o en parte, una obra literaria,
artística o científica.

ISBN: 978-84-18230-49-3
Depósito Legal: MA-692-2020

Nota de la editorial: ExLibric pertenece a Innovación y Cualificación S. L.

STUART GUARÍN

ESTO NO ES UN
LIBRO DE POESÍA

Índice

Más {pseudo-poesía}

Agradecimientos

A David e Ismael por apoyarme a la hora de seguir escribiendo.

A Simón por ser mi mejor amigo a pesar de la distancia.

A Andrea por ayudarme cuando no tenía a nadie más.

A mi madre por ser ella, por ser mi madre, y por estar ahí incluso cuando parece que no está.

Y a todos los demás, gracias. Gracias por estar ahí, gracias por leer mi pequeño sueño, gracias por compartirlo con vuestra gente, gracias por existir... Gracias a todo el mundo por hacer de esto una realidad.

Gracias de corazón.

{Stuart}

Para ti hoy,
para ti mañana
y sobre todo

para
ti

siempre.

No me importa

Porque no me importa dónde estemos.
Porque no me importa que dejes enfriar el café.
Porque no me importa lo que tardes en llegar.
Porque no me importa nada...
Solo que estés...
Conmigo...
Siempre...

Sintagma del amor

Eres la perfecta definición de imperfecta perfección.
Eres ese sustantivo que se hace verbo cada vez que está
conmigo.
Eres ese verbo que hace de mí un mero complemento.
Eres ese núcleo que me deja fuera del sintagma.
Eres la frase completa y yo soy un simple sujeto omisible
que decidiste mantener en la oración.

Orden

Y llego a casa.
Y tengo que comer.
Y tengo que limpiar.
Y tengo que barrer.
Y tengo que estudiar.
Y poner el lavavajillas:
seis platos,
cuatro vasos,
dos cuchillos,
una sonrisa en mi mente.
La tuya.

Y mira que...

Y mira que me gusta la lluvia.
Me gusta ver caer gotas por mi ventana.
Me gusta el olor que dejan en la tierra.
Me gusta el ruido repetitivo en la roca.

Y mira que me gusta tu espalda.
Me gusta su curva continua hacia abajo.
Me gusta verla sola, desnuda, conmigo.
Me gusta sentirla suave, caliente, tuya.

Y mira que ahora me duele todo.
Me duele que la lluvia salga de mis ojos.
Me duele ver que tu espalda ya me deja.
Me duele todo.... El adiós... Me dueles tú.

Perdido

Me advierten que no te haga ningún caso.
Me dicen que no puedo ser tu amigo.
No saben de ti ni tu primer paso.
No lo dije, mas me pierdo contigo.
Me pierdo en el cielo de tu mirada.
Me extravía el albor de tu piel blanca.
No me encuentro en tu boca colorada.
No tengo paz, tu seno me la arranca.
Me confundo en las curvas de tu vientre.
Me zozobro en el lago de tu ombligo.
No soy santo en el mar de lo indecente.
No dejo ya tus piernas, son mi abrigo.
Me tienes en un bucle y no me centro.
Me muestras solo lo que yo prefiero.
No hay laberintos y ni así me encuentro.
No es que no pueda huir, es que no quiero.

Hazlo

Exíliame a tu acogedora morada.
Deshazte de mis textiles ropajes.
Entiérrame en tu cómodo lecho.
Destruye tus delicadas prendas.
Haz hervir hasta mil mi sangre.
Abalánzate sobre mi cálido ser.
Acaba con el pudor que queda.
Pulveriza el silencio sepulcral.
Baila sobre mí tu salvaje danza.
Róbame el espíritu y la quietud.
Cántame al oído tu dulce placer.
Salva de manos ajenas el deleite.
Aturde la calmada y negra noche.
Baja nuestro sueño y alza el gozo.
Revoluciona la cama hasta romper.
No contengas satisfactorias fantasías.
Canta a viva voz el final de esta aventura.

Pero
prométeme
que nunca jamás,
en ninguna ocasión,
te harás con mi corazón...

Tu contradictoria lógica

Tu mirada de hielo ardiente.
Tu piel de tacto brillante.
Tus labios de dulce color.
Tu cabello de penumbroso brillo.
Mis secos pensamientos que me mojan.
Mis ganas de placer desganado.
Tus piernas de mansa turbulencia.
Tus momentos de tiempo que pasa pausadamente.
Tu infierno que me resulta paraíso.
Tu contradictoria lógica.

Tú

Y observo tus grandísimos ojos azules como el océano.
Y ojalá tenerlos mientras desfogo mis deseos.

Y veo tu pecaminosa y dulce piel de porcelana fina.
Y quiero tocarla con potente pasión de fuego.

Y noto tus largos cabellos de negruzco brillo oscuro.
Y solo pienso en cabalgar a lomos del placer.

Y miro tus labios carmesíes de dulce fantasía.
Y divago en húmedos pensamientos que me secan.

Y recuerdo tu esbelto cuerpo lleno de pecado.
Y únicamente busco cumplir esta ardiente tentación.

Y pienso en cargar el aire con placer y ganas.
Y sueño con condenarme al Hades y calcinarme ahí.

Porque prefiero quemarme en el placentero infierno
antes incluso que liberarme en un carcelario paraíso.

Quería…

Quería saber cómo es realmente ella.
Quería perderme en sus cálidas sábanas.
Quería oír sus susurros y rugidos.
Quería sentir sus manos en mi espalda.
Quería mojarme en su húmedo sudor.
Quería inmiscuirme en su suave cabello.
Quería sumergirme en sus finas piernas.
Quería volverme loco con sus ojos.
Quería enrojecer su piel, blanca perla.
Quería sofocar su cálido aliento.
Quería romper el absurdo silencio.
Quería consentir sus bastos deseos.
Quería asegurar un «bum» de placer.
Quería secar mi maldita garganta.
Quería estrangular esas malas ganas.
Quería aquello y más, muchísimo más…
Quería eso, sí…, pero aún más a ti…

Promesas

Te prometí futuros a tu lado.
Te juré que haría todo por ti.
Ahora siento que no fui honrado.
Y me duele que ya no estés aquí.

Aceptaré que quieras odiarme.
Dejaré que olvides lo vivido.
Permitiré que puedas olvidarme.
Pero no digas que no te he querido.

Lloraré de día y de noche.
Te escribiré en mil hojas.
Te recordaré en el coche.
Romperé las sábanas rojas.

Fuiste siempre todas mis antologías.
Esas que ahora yacen vacías.
Siempre me gustó la ropa que elegías.
Siempre destruí lo que aborrecías.

Maldita sea... Siempre fuiste mis fantasías.
Pero, joder... Ahora mi voz está rota.
Y ya no entiendo qué es lo que querías.
Ojalá esta historia no hubiese sido tan corta.

Te quería

Y entonces me di cuenta...

Te quería... Sí..., te quería...
Te quería más que a mi vida...
Te quería a morir...
Te quería a ti y a tu tiempo desordenado por el estrés...
Te quería a ti y a tu historia..., tu dura historia...
Te quería a ti y a tus pecas..., esas que me hacen perder
la cabeza...
Te quería a ti y a tus rizos rebeldes..., esos que caen por
tus hombros...
Te quería a ti, con inseguridades y certezas...
Te quería a ti y a tus ofensas, dolorosas pero tuyas...
Te quería a ti y a tu dulce ternura infinita...
Te quería a ti y quería quererte más...
Te quería querer más, pero no podía...
No podía porque era imposible...
Te quería, te quiero y te querré...
Pero lo que más quiero es que seas mía.

Quiero...

Quiero tan solo un segundo
para así ordenar mi mundo...

Quiero de ti un soplo de vida.
Ya me dejaste sin salida...

Quiero que tú me recuerdes a mí.
Sí, como yo me acordaré de ti...

Quiero tenerte algún tiempo a mi lado
para recordarte que te he amado...

Quiero que evoques los más buenos momentos,
mas siempre deshaciéndote de tormentos...

Quiero que la lluvia caiga y rompa este papel
y que este poema el viento se lleve con él...

Quiero tener tus caricias desaparecidas,
las que no volverán a ser por mí recibidas...

Yo he buscado siempre usar la completa sinceridad...

Ahora busco ya hundirme en la más negra oscuridad...

Caminos

Anduve por el camino de la incoherencia,
pero, como incoherente camino, desapareció.

Y entonces solo quise volver...
Volver al camino del amor,
volver a sentir cariño,
volver a sentir tu calor,
volver a cantarte al oído,
volver a escribirte a ti...

Pero no vi cómo;
no había una solo piedra que pisar,
no encontré camino por donde caminar,
no hallé forma de volverte a encontrar...

Entonces brilló una luz anta en el cielo;
una luz leve manchada de estrellas...
Una luz que no era calzada...

Eras tú.

Atisbo de esperanza

Tu cuerpo completo en mi minúscula mente...
Ruido...
Te pierdo...
Me voy...
No hay imágenes...
Ya no te veo...
No te siento...
Silencio...
Calma...
Veo una imagen...
Veo una pierna...
Veo lo justo...
Veo lo necesario...

para soñar.

Incoherencias

El frío abrasante de la tardía mañana de primavera;
el cigarrillo recomponiéndose con cada calada;
la cama que, llena de soledad, ordena mi desorden;
el amargo sabor del café azucarado en mi boca;
la seca sensación de la lluvia subiendo por mi ventana;
el vacío hasta arriba de inseguridad de mi sofá;
la televisión a punto de morir porque extraña tu «sálvame».

Tantas
incoherencias
y
una
sola
solución...

Tú.

Mi deseo

Mi deseo es:

Hablarte palabras
y oraciones
y libros...

Escuchar tus sentimientos
y verbos
y sustantivos...

Ver tus ojos
y cuerpo
y sonrisa...

Tocar tu pecho
y piernas
y cabello...

Saborear tu piel
y voz
y sed...

Oler tu aroma
y placer
y ser...

Oírte cantar
y gritar
y silencio...

Quedarme ahí
contigo
y volver...

a empezar.

Y quiero

Y quiero pensar que fue todo un sueño
o una pesadilla o un terror nocturno...
Algo falsamente real que me mataba.

Y quiero pensar que estuve contigo,
unidos, sin separarnos jamás...
Que nunca me fui, que solo dormí.

Y quiero que me guíes hasta la salida
como Caronte guio a Orfeo por el Hades...
Pero no hagas como Eurídice, fíate de mí.

Y quiero componerte melodías sin ritmo,
rimar frases sin verso y bailar silencios...
Que sepas que posibilitas lo imposible.

Y quiero, antes que cualquier cosa,
que no te vayas, que no me dejes ir...
Que tú y yo eternicemos la eternidad.

Mi guitarra

El mástil de mi guitarra es
blanco como una perla,
frágil como el cristal
y suave como una flor.

La caja, en cambio,
es fuerte y estable,
forjada en firme cedro.

Su conjunto brilla
gracias al barniz que,
con el sol, crea una joya.

Sus cuerdas de suave nailon
producen una melodía que,
como una sirena griega,
te engatusa fácilmente
para después conducirte
al más profundo abismo
del más grande placer.

Mi guitarra es cálida;
me acompaña de día
y me alegra de noche.

Mi guitarra es sensible;
a veces, de madrugada,
llora tristes baladas.

Mi guitarra es cariñosa;
cuando todo es malo
odas vibran en sus cuerdas.

Mi guitarra es mi compañera.
Mi guitarra no me abandona.
Yo no abandono a mi guitarra.

No la desatenderé jamás;
ni cuando su madera se pudra,
ni cuando su barniz se resquebraje,
ni cuando sus cuerdas se rompan.
Ni tampoco cuando un áspero silencio
sea el sustituto de su dulce canto.

El poder de las palabras

Con mis palabras puedo destruir historias.

Quizá al plasmar una sola letra acabe con la nuestra, al igual que una llama acabaría con esta lámina de poesía.

Quizá mis palabras crean historias, pero también las terminan.

Tengo que decir lo que siento, pero tengo miedo de tu marcha.

Si lo reprimo acabaré destruyéndome...

En cualquier caso, solo hay un fin...

... Catástrofe.

Adictos

A veces no es el tiempo lo que nos ata;
a veces tenemos que mirar atrás y pensar:
«¿Vale la pena seguir un día más así?».

A veces hay que mirar delante de tus narices para darte
cuenta de que no...,
para darte cuenta de esos ojos llenos de esperanza de un
idiota adicto a ti...,
para darte cuenta de las palabras llenas de egolatría de
un adicto a sí...

Mi apuesta está clara...
No tengo miedo de perder nada...
Porque no tengo nada si no te tengo a ti.

Una noche

Una noche...
Me bastó una noche abrazándote...

Una noche...
Me bastó una noche besándote...

Una noche...
Me bastó una noche acariciándote...

Una noche...
Me bastó una noche mirándote...

Una noche...
Me bastó una noche sin dormir...

Una noche...
Una simple noche...
Me bastó una simple noche...
Para enamorarme de ti me bastó una simple noche.

Aquella noche

Sus manos tocaban ya mis manos,
guiándome hacia su dulce morada.

Somnolienta me portó a su ser
y mis pies, dormidos, aceptaban.

El cuerpo, esclavo, los seguía y
mi cálido aliento aceleraba.

Mis brazos mantas eran de noche
y mis dedos caricias brindaban.

Amargaban sus dulces palabras,
pero el beso la tranquilizaba.

Desligó de su sentir el habla,
mas sus temblores la delataban.

Su «amor» hacia Él no le permitía
lo que ella, tal como yo, anhelaba.

Noche liderada por tensión
y ganas... Las ganas nos ganaban.

Intercambio

Un beso en la mejilla,
un abrazo suave,
una caricia en la espalda...

Otro beso, pero en el cuello,
otro abrazo, pero con fuerza,
otra caricia, pero más abajo...

Muchas ganas de cambiarlo todo por un beso más...

Pero en los labios.

Con A de agazapados

Tocar tu piel suavemente, sin dejar marca...
Oler tu bello pelo de fuego, pero fríamente...
Besarte todo el cuerpo, excepto los labios...
Abrazarte muy fuertemente, pero a solas...
Dormir juntos, muy pegados y escondidos...
Mirarte a los ojos fijamente, pero en secreto...
Y soñarte... siempre... despierto...

    porque

          él

              no

                  lo

                      sabe

                         ...

Ese beso

Ese beso infinito en nuestra mente que jamás se hizo verdad.
Ese beso doloroso que quema muy dentro.
Ese beso intocable e invisible que quema muy dentro.
Ese beso imposible de la parada.
Ese beso helado de verano fue sustituido por tu beso cálido en invierno.

Me matas

Me matas
con cada luz que tus grandes ojos disparan sobre mí,
con cada melodía que tus dulces labios cantan para mí,
con cada bendición que tus dedos le regalan a mi piel,
con cada preciosa eternidad que gentilmente me das,
con cada carrera a tu casa que pasas cogida de mi mano,
con cada carcajada silenciosa que dan tus perlas blancas,
con tus rojas llamas que arden más fuerte con el cierzo,
con tu cálida nieve que me agrada abrazar cada noche...

Con tu dulce amor...
Con tu dulce compañía...

Ingenuos...

Me dicen que no sé de poesía
cuando te he conocido,
te he mirado
te he tocado,
te he besado,
te he querido,
te he amado,
te he vivido...

Me dicen que no sé de poesía cuando lo sé todo de ti...

Vaya ingenuos.

Sentado

Y estoy aquí, sentado, pensando...
Pensando en ti y en tu mirada...
Mirada que me roba el alma...
Alma que pertenece a tu sonrisa...
Sonrisa que me deja muerto en vida...
Vida que... Bueno...

Vida

    que

        quiero

           vivir

                contigo...

¿Cómo?

¿Cómo le diremos a la gente que con un anillo de ramas, casi frágil y casi de mentira, te mostré mi sentimiento más humano, más fuerte y más real?

¿Cómo le diremos a la gente que me bastó mirarte a los ojos una vez para saber que eras mi vida y mucho más?

¿Cómo le diremos a la gente que estamos locos

el

   uno

      por

        el

          otro?

Con esa chica

Hay momentos en los que parece mentira que esté con mi mejor amiga...
Con la chica que veía caminar sin rumbo fijo por el recreo...
Con la chica del pelo de fuego...
Con la chica del pasillo...
Con la chica que nunca me atreví a saludar...
Con esa chica...

Con mi poesía...

Creo que...

Creo que nunca escribo contigo a mi lado porque tengo miedo de hacer que mis poemas se sientan feos con tu presencia y no quieran volver a salir...

Tú eres un verso alejandrino
y ellos, simple arte menor.

Amor de película

Ir cantando bajo la lluvia a tu lado y que salga el sol.
Pasar contigo por el molino rojo para tomar un desayuno
con diamantes en tus dedos y ver los pájaros, el cisne negro
y los patos en el lago.
En definitiva, ver que la vida es bella.

Morir contigo

No me digas que viviremos juntos,
ya que viviremos con mucha gente en nuestra vida.
Prométeme algo mejor...
Prométeme que moriremos el uno junto al otro,
ya que eso solo lo cumplen las personas que realmente
desean permanecer unidas...

No importa quién se vaya antes.
No hay miedo,
no hay dolor...

Si mueres conmigo habrás estado bien,
habrás sido feliz.
Porque yo habré dado mi vida para que eso fuera posible...

Y yo seré feliz porque
cada sonrisa tuya me alivia el dolor,
me calma el corazón,
me frena el pensamiento
y hace que una rosa resplandeciente florezca en el jardín
de mi alegría.

Tú (como acontecimiento)

Me alegra que hayas pasado...
Sobre todo que me hayas pasado a mí...

Y me da igual lo que digan;
solo me importas tú.

Eres mi amor
y mi musa,
mi vida
y mi inspiración,
mi brillo
y mi sombra,
mi luz
y mi oscuridad,
mi sueño
y mi energía,
mi fe
y mi agnosticismo,
mi fuerza
y mi flaqueza...

Eres la nada donde quiero construir mi todo.

De izquierda a derecha

Cada vez que estoy contigo descubro nuevas formas de
ser feliz...,
nuevos minutos...

Sé que no volverán,
pero sé que cada vez son mejores...,
cada vez son más fuertes...,
cada vez son más nosotros...,
cada vez son más eternos...

Cada vez veo más factible el hecho de que estemos juntos,
queriéndonos hasta las canas...,
hasta las arrugas...

Te amaré hasta que mis piernas no puedan seguir las
tuyas...
Te amaré hasta que no me quede aire para respirar...
Es decir,
te amaré siempre.

Y solo te pido a cambio una cosa:

no   te   vayas   nunca.

Esas pecas

Esas pecas invisibles que se tornan oscuras cuando tienes calor o te sonrojas leyendo mis «poemas».
Esas minúsculas marcas que desvelan tu dulce estado de ánimo.
Esa puntillista obra maestra de gran artista en lienzo de genio artesano.
Esas estrellas que me elevan, llevándome a otro universo.
Esas pecas invisibles, minúsculas, geniales, extraterrestres...

Esas pecas
tan
tuyas.

Punto y final

Me encanta verte tan tranquila a mi lado...
Tus besos y tus risas...
Tu respiración...
Una sonrisa porque algo te sorprendió y tus ojos se iluminan...
Un poema por un segundo a tu lado...
Una frase para describir un día...
Un punto final que no va a llegar en la vida...

No en la nuestra.

Tú das

Porque tú das paraíso a mi infierno.
Porque tú das razón a mi «en vano».
Porque tú das calor a mi invierno.
Porque tú das brisa a mi verano.
Porque tú das la nieve a mis cimas.
Porque tú das calma a mis enfados.
Porque tú das ritmo a mis rimas.
Porque tú das sentido a mis pareados.
Porque tú das color a mi cielo.
Porque tú das libertad a mi brida.
Porque tú das tiempo a mi hielo.
Porque tú le das todo a mi vida.

Seamos

Entonces estemos juntos siempre...
o, mejor aún...,
seamos juntos.

Seamos todo lo que debamos ser, pero juntos;
seamos viejos,
seamos intrépidos,
seamos locos...

Seamos...,
pero seamos siempre...
juntos...
Con el mismo amor que crece sin parar cada día...,
cada minuto...
y cada segundo...

Porque contigo me encanta ser.

Cambio de sentido

Oh, dulce desnudez que me congela en verano y me hace sudar en invierno.

Oh, suave mirada que, cálido café, me despierta cada mañana.

Oh, impregnante canto que me alivia los males cada vez que me hablas.

Oh, melodioso beso que despide el terror y saluda a la felicidad.

Oh, brillante fragancia que me embriaga y me aletarga como pequeño infante.

Oh,
perfecta
compañía...

Oh,
perfecta
tú...

Numeral: amor

Digo que Unam*uno* filosofó sobre tu belleza.
Que se necesitan *dos*is de morfina para conocerte.
Que al verte se *tres*doblan las ganas de todo.
Que los que *cuatro*pean se ciegan con tu brillo.
Que cuando hablas me quedo *sin co*mentarios.
Que con la luz de tu sonrisa nunca *se hiz*o tarde.
Que *sí, he te*nido que besarte y ahora soy adicto.
Que contigo la vida es mansión, n*o choz*a.
Que aún *no he ve*ncido, mas venceré.
Que contigo la vida es de *10*.

Nunca

Pensé en quedarme solo y triste.
Pensé en caminar hasta quedarme sin pies.
Pensé en sentarme hasta quedarme sin vida.
Pensé en no volver a sentir jamás.
Pensé en tener miedo al amor, o más.
Pensé en dejar la piel y el calor.
Pensé en dejar los ojos y los labios.
Pensé en dejar el placer y el valor.
Pensé en no intentarlo más nunca.

Pero apareciste tú y revolucionaste mi mundo.
Pero apareciste tú y me hiciste sentir.
Pero apareciste tú y quise sentirte.
Pero apareciste tú girando mi vida.
Pero apareciste tú y

       ahora
          no
             quiero
                que
                  te
                    marches.

Para ti

Completaré mis páginas con palabras de amor.
Haré brillar tus días con actos de fe.
Formaré un futuro lleno de «porques».
Vaciaré tu mente de «por qués».
Cambiaré el significado de «cariño».
Crearé palabras para expresarlo.
Cerraré tu fábrica de miedo.
Abriré una empresa de abrazos.
Romperé de cuajo con el pasado.
Pegaré con pegamento de fuerza tu corazón.
Abrazaré tu vida cada instante.

Y no soltaré tu mano.

Jamás.

Coſtumbres

Y podría acostumbrarme a la falta de aire
y agua
y calor
y alimento,

pero jamás,
        jamás,
            jamás...

        me acostumbraría a un mundo sin tus ojos.

Mi idea

Tengo una idea loca,
la idea de amarte...

Pero tengo algún problema...

Me falta tiempo para mostrarte mi amor,
números para cuantificarlo,
palabras para expresarlo
y letras para escribirlo.

Pero tengo una solución...

Te amaré hasta el 31 de febrero.
Te amaré hasta la cifra final de π.
Te amaré hasta poder *amdorarte*.

Y bueno...

    Te amaré
        hasta mi último
            punto y final

(ese que no tenemos...)

Cinco minutos

Me dieron cinco minutos y solo quise escribirte.
Y decidí pasar mis últimos instantes pensándote.
Porque no me importa poder comer o beber.
Porque no me importa respirar o hablar.
Porque no me importa nada más que no sea

                              tu recuerdo.

Sin palabras

Me quedé sin palabras cuando me cegaste con tu brillante belleza...
Una belleza de color puro e incorruptible que me inspira solo a besar...
Besar tus dulces labios color pasión que, como la sangre, me hacen vivir...
y pensar en pecar... Pecar rompiendo cada regla o norma que impongan...
Romper incluso con la pureza de tu piel para convertirla en el color de tus labios a base de calor y fogosidad candente...
Romper el silencio ensordecedor de esta pequeña e insignificante habitación...
Romperlo para después, con el éxtasis, volver a la calma de inmediato y crear una nube de vapor que nos lleve volando hacia un futuro en el que asentemos nuestros pies en un mismo suelo de felicidad...
Un futuro en el que podamos vivir con el calor de tu fuego, el beso de tu pasión, el abrazo de tu pureza y la mudez de mis palabras.

Jamás

Y podría acostumbrarme a la falta de aire
y agua
y calor
y alimento,
pero jamás,

      jamás,
         jamás...

        me podría acostumbrar
          a un mundo

              sin tus ojos.

Despertar

Abrir mis ojos y ver tus ojos.
Darte los buenos días y recibirlos con tu sonrisa.
Sonreír y recibir tu abrazo precioso.
Devolverlo y notar cómo sube la fuerza.

Y
amarte.
Y siempre.
Y amarte más.
Amarte de verdad.
Y amarte sinceramente.
Amarte con y sin palabras.
Pero amarte con cuerpo y alma.

Te conozco bien

Te conozco bien.
Fuiste un 2 de abril.
Tienes un 36/37, todo depende.
Tu fuego es realmente azabache.
Tus ojos son de chocolate, no de carbón.
En tus 36/37 usas fundas distintas.
Tu antiguo amor fue del bazar.
Te va lo agridulce, pero en salsa.
Quieres regalos, mas solo darlos.
Odias los buses y sus puertas.
Tocas la voz y cantas en guitarra.
Bailas solo en la cama, nunca en público.
Te horrorizan el terror y las agujas.
Amas los caballos y en ellos correr.

Conozco todo de ti,

    pero aún me resultas

        tan misteriosa...

Busca trabajo

Que busque trabajo dicen...

«Ya trabajo», contesto...

En tu sonrisa preciosa,
en tu mirada enamorada,
en tu voz de sacarina...

«Ya trabajo», les digo...
«Y menuda escultura preciosa me está quedando».

Música

Veo tu cabello rojo volar como las llamas
y veo tu piel blanca tornarse sangre.
Noto que tu calor acaba con el invierno,
haciendo de mis cristales su lienzo.
Oigo el repetitivo sonido de mi cama.
Siento tu sudor en cada espacio de tu ser.
Y veo tus ojos color azabache albear.
Y escucho tu aliento veloz en la atmósfera.

Es todo una sinfonía en la que
tú
y
yo
somos directores y orquesta.

Mi palabra favorita

Mira que existen palabras complejas y simples para describir la belleza, la inteligencia, la generosidad, la dulzura, la bondad, la alegría...

Existen miles de palabras compuestas por dos, tres, cuatro, cinco y más sílabas para describir todo esto...

Pero mi favorita eres TÚ.

Crea

Cántame la canción más hermosa de tu guitarra.
Regálame la rosa más bella de tu jardín de besos.
Compón la más compleja melodía de tus dedos en mi espalda.
Haz de tu 2 de abril unas noventa primaveras.
Crea una poesía tremendamente bonita en nuestra vida.

Articula tu «te amo» más sincero cada día.

17 de febrero

Y hoy te he vuelto a recordar...
Mas no a ti, a ella...

A ella, que la conocí en una escalera...
A ella, que la invité a un bar...
A ella, que la quise besar desde el primer momento...
A ella, que me debe un millón de besos...
A ella, de la que me enamoré perdidamente en pocos
segundos...

A ella, que,
al parecer,
nada ha cambiado
desde aquel
17 de febrero.

Plata

Fría navaja de muerte clávese en mi pecho si no te amo.
Divina fuerza me caiga si tu piel no toca ya mi mano.

Doyme triste fin si mis palabras no son a ti dedicadas.
Canto mortal en mis oídos si falta tu voz delicada.

Mala suerte de mí si no te escribo una ni una sola letra.
Oh, si no te quiero; oh, si no te beso... será mejor que
muera.

Más
{pseudo-poesía}

Infancia

Recuerdos que te transportan a épocas más fáciles que te parecían más complicadas.
Que, aunque menos complicadas, te parecían menos fáciles.
Épocas en las que el amor era más sincero, más infantil; pero, aunque más infantil, claro, más sincero.
Épocas del primer amor, del primer beso, de la primera ilusión.
Épocas en las que todo era un juego,
un juego en el que yo te perseguía y tú corrías,
un juego en el que tú desaparecías y yo crecía.
Épocas mejores que nos llevan a épocas menos mejores, pero con iguales ilusiones.
Épocas, aunque bonitas, ya pasadas.
Recuerdos, eso es lo que resta.
Solo queda vivir lo que queda y recordar lo que pasa, correr de lo malo y desaparecer del pasado.

Drogas

Y he ignorado el tabaco
y el alcohol
y las drogas en general...

Pero tus besos...

No puedo resistirme a tus besos.

Bus

Subo al bus (cuyo número no recuerdo),
pago al conductor y tomo asiento al final.
Alzo la mirada y clavo mis ojos en ti,
una muchacha preciosa y enigmática.
¿Quién eres?
¿A dónde vas?

Una parada.
Dos paradas.
Sigues aquí, conmigo…
Ojalá eso se debiera a mí.

Tres paradas.
Cuatro paradas.
Tu pelo, hilo de oro, brilla con el sol.
Tu piel, frágil porcelana, me ciega.

Cinco paradas.
Seis paradas.
Tus ojos, verdes esmeraldas, me hipnotizan.
Tus piernas se van, dejándome solo.

Siente paradas.
Ocho paradas.
Tú, dulce diosa, me castigas.
Yo, condenado poeta, te halago.

Nueve paradas.
Diez paradas.
Las de mi corazón...

Acción y reacción

Donde hay restos
hubo hechos.
Si hubo hechos
algo queda.

Quizá no recordemos el qué o el quién.
Quizá tampoco el cómo o el dónde.

Pero en el fondo de nuestro cerebro;
ahí, en esa masa gelatinosa para pensar;
ahí, en el lugar más sumamente recóndito;
ahí sabemos que algo ocurrió.
Algo que, por muy pequeño que fuese,
marcaría algo grande.

A ti.

Poesía

Me gusta crear arte con mis dedos y las teclas de mi ordenador porque, aunque quizá solo son segundos perdidos y letras desperdiciadas, son segundos y letras que me pertenecen.

Amas

Sabes que lo amas realmente cuando, al verlo, sientes un calor que te quema de buena manera por dentro, dejándote completamente congelado por fuera...

Ya desde entonces

El día que te conocí me di cuenta de que ya entonces te echaba de menos.

Chica del bus

Chica del bus,
móvil en mano
y chicle en boca.

Chica de pelo oscuro
y mirada brillante.

Chica maquillada,
pero de tristeza.

Chica de capucha negra
y uñas descuidadas.

Chica de colgante artesanal
y expresión prefabricada.

Chica de coleta corta
y espera larga.

Chica del bus,
bolsa en la espalda
y pies en la calzada.

Hipocresía

Lo que más odio de la hipocresía soy yo.

Ese que difama sobre lo que ama,
pero lucha por lo que detesta.

Ese que quiere lo que odia
para odiar lo que quiere.

El que maltrata al sabio y ayuda al idiota por el mero hecho
de sentirse aceptado por imbéciles, en vez de luchar por
su propia iluminación...

Me amo, pero me odio.
Soy lo que amaría odiar
y odio no ser lo que amo.

Amar, odiar...

    Tan frágiles palabras...

        Tan poderosos sentimientos...

            Tan placentero fin...

                Tan mundanos seres.

Agosto

Y en el mes más seco del año llovió en nuestros ojos por no poder besarnos.

En ese bar

En ese bar lleno de objetos sin sentido,
repleto de gente sin ganas de ser...

En ese bar de gente infiel y gente felizmente casada, que
resultan ser la misma calaña...

En ese bar de camareros que aspiran a ser doctores
y hombres que aspiran con alcohol el suelo...

En ese bar con niños que lloran adultos...

En ese bar...

estabas tú...

Por ti

Por ti dejaría de escribir poesía para comenzar a vivirla.

Algún día de agosto

Y él la observó fijamente y sonrió.

—¡Ey! Me has mirado a los ojos.
—¿Cómo no hacerlo si puedo ver el universo y nuestro futuro en ellos?

Delinque

Róbame el sentir,
mátame la razón,
hiéreme el saber,
viólame el significado,
castígame el error...

Pero al menos bésame una vez el corazón.

Campo distante de Roma

Marcial cambiaría de opinión si desde su «parcela distante de Roma» a quien no pudiera ver fueras tú.

Érase un hombre

Érase un hombre a una mujer pegado...

Y bien feliz que soy.

Egoísta

Y en Zaragoza no se ven las estrellas del firmamento, todas se escabullen al verte; ya saben que ninguna brilla como tú lo haces.

¿Qué es el amor?

¿Qué es el amor más que un conjunto de reacciones quí-
micas en el cerebro?
¿Qué es más que una ilusión física que nos enloquece?
¿Qué es más que algo biológico?

Tú.

Estrellas

Y miro al cielo negro repleto de astros
y veo Orión
y la Osa Mayor
y veo incluso estrellas invisibles...

Pero me faltas tú.

En acróstico

Alcancemos el cielo con las manos.
Naveguemos por el océano de la vida.
Dirijamos el amor hacia el infinito.
Riámonos nosotros del mundo.
Encontremos nuestro futuro juntos.
Acordémonos de querernos.

Con toda el ama, sí.
Obviamente, el aliento.
Rara vez a distancia.
También con tonterías.
Incluso con enfados.
Ñoñerías inclusive.
Acordémonos de amarnos siempre.
Siempre de verdad.

El tiempo

El tiempo contigo no consiste en segundos perdidos...
Consiste en versos que jamás hubiera expresado si en ese
instante, en ese momento, no hubieses aparecido.

Entonces…

Te vi entonces...
y llegabas treinta minutos tarde...,
pero no me importó en absoluto...
Lo que me molestó de verdad fue...
que llegaras tarde...
varios años...

a mi corazón.

Segundos

Y entonces,
tras un minuto lleno de felicidad contigo,
me di cuenta de que por cada segundo sin ti
necesitaré una vida a tu lado.

Cúmulo

En tus ojos una mirada,
en tus labios un beso,
en tus dientes una sonrisa,
en tu piel una caricia,
en tus dedos una promesa...

                    y en tu vida la mía.

Fotos

Tantas fotos guardadas en la cámara y el móvil,
pero mis favoritas son las que te hago con mis ojos cada
vez que te veo.

Tú, estudiosa…

Usa toda la gramática que quieras,
pero yo descubrí por mí mismo que «tú» y «yo» concordamos en amor y número.

Ni Neruda

Ni los poemas de Neruda son tan bonitos como los que me recitan tus ojos cuando me miras por la mañana.

Polos opuestos

Tú eres el sol,
yo soy el hielo.

Tú das calor,
yo te congelo.

Somos opuestos,
mas nos atraemos.

Tú me derrites,
yo te apago.

Yo te enfrío,
tú me haces vaho.

Te amo y
me amas.

Pero me quemo y
tú te apagas.

Besos

¿Cómo puede un simple beso cambiar una vida?

Fácil...

Siendo uno tuyo.

Turismo

Zaragoza y el Pilar,
Madrid y la Cibeles,
Sevilla y la Giralda,
Granada y la Alhambra,
Segovia y su acueducto,
Santiago y su catedral...

Tú y yo.

Románticos

Dicen que los románticos estamos locos por querer morir
por alguien a quien amamos.
Realmente somos los más cuerdos, ya que tenemos algo
por lo que vale la pena querer vivir.

Oda a lo inútil

Le he escrito al amor y a la pasión,
pero nunca a lo inútil escribí una canción.

Oh, inutilidad..., sin ti yo moriría,
nunca he sabido sin ti qué haría.

Eres de esta vida la esencia inmutable
porque nadie quiere ya ser responsable.

Lo útil está últimamente bastante sobrevalorado.
«¿Pa qué estudiar si al usarlo mi vida *sabrácabao*?».

Oh, dulce y generosa inutilidad,
sin ti no hay nada, de verdad.

La gordura y la enfermedad a ti todo te deben.
Y estando siempre sentados todos te quieren.

Oh, omnipotente inutilidad,
no sé qué haría yo sin tu generosidad.

Caballero amante

Y entierro mi lanza, mi escudo y mi espada.
Cuelgo mi armadura y mi cota de malla.
Acepto mi retiro del campo de batalla.
Ya he conquistado mi tierra prometida,

mi mujer amada.

A David

Gracias...
Gracias por enseñarnos
de la filosofía,
del pensar
y del razonar...
y del escuchar...
y de la vida...

Gracias por tender tu mano cuando la necesitamos...
Gracias por oír nuestros conocimientos y desconoci-
mientos...
Gracias por cedernos tu tiempo en forma de clases.

Gracias por ser quien eres...
Gracias por ser más que un profesor...
Gracias por ser un amigo...
Gracias por todo...

GRACIAS.

A Ismael

Barba blanca y cabello gris,
camisa azul y jersey de cuello vuelto,
gafas y zapatos negros,
pantalón serio y cara de sonrisa.

Miras al alumno y das la lección:
«*Edipo rey* es una obra que Sófocles hubo escrito en el
siglo V antes de Cristo».

Te giras y criticas la gestión:
«Esto no puede ser, la LOMCE ha de acabar; si no, me
niego a enseñar».

Barba blanca y cabello gris,
camisa azul y jersey de cuello vuelto,
gafas y zapatos negros,
pantalón serio y cara de sonrisa.

Leer, escribir y repasar
y algo de margen dejar.

Leer, repasar y escribir
si de esto quieres vivir.

Repasar, escribir y leer
te lo debo a ti, ISMAEL.

Oda a mi boli

Pequeño y fiel compañero de viaje
que con tu azul tinta me acompañas siempre,
que con tu punta metálica endulzas mis cuadernos,
que con tu suave movimiento materializas mis pensamientos.
Que, aunque en un oscuro estuche descansas, te guardo en mi corazón.
Que no se te tiene el respeto que mereces ni el reconocimiento que se debe.
Que has escrito más letras que kilómetros yo he andado.
Que has escrito más poemas de lo que yo nunca he besado.
Que has creado más cuentos de los que yo he contado y contaré.
Que has inventado más de lo que yo he imaginado e imaginaré.

Gracias por acompañarme en este viaje.

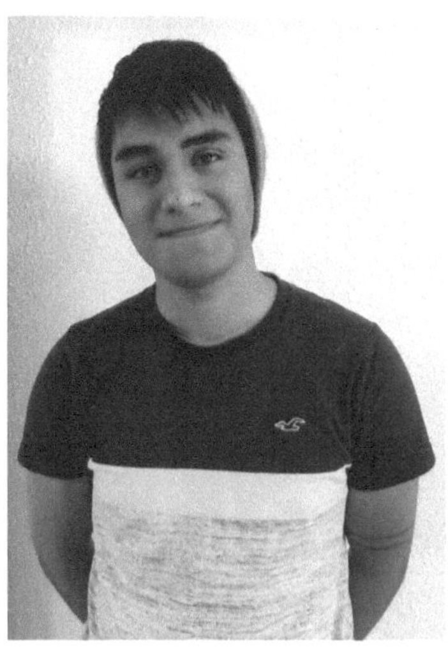

Stuart Guarín nació en Cali nueve meses después del San Valentín de 1999 y se trasladó con su madre a Zaragoza en los Pilares de 2005, pero no fue hasta Secundaria cuando conoció a Márquez, Mishima y Borges, los que le "guiaron" a escribir poemas y relatos. En la actualidad se encuentra escribiendo su segundo poemario y toca el bajo en una banda de *rock* para salas vacías.

www.ingramcontent.com/pod-product-compliance
Lightning Source LLC
La Vergne TN
LVHW041707190726
843493LV00007B/1982